入門的研修テキスト
第3巻

第1章　認知症の理解

第2章　障害の理解

公益財団法人 介護労働安定センター

第3巻の学習にあたって

　私たちの国は、経験したことのない超高齢社会に向かっており、介護を必要とする人の増加が見込まれ、それに伴い介護を担う人の育成・確保が急務となっています。

　この現状をふまえ、2018（平成30）年、国は新たに「介護に関する入門的研修」（以下「入門的研修」）を導入しました。この研修は、多くの人が介護を知る機会を持ち、介護未経験者が安心して介護分野で働くための研修で、本テキストは、この入門的研修の研修科目や内容に沿った構成となっています。

　テキスト第3巻では、研修内容の入門講座（6時間分）の内容に該当する、認知症、障害について学びます。学習を通じて、認知症や障害について少しでも理解が深まることを願っています。そして、このテキストを学び終えたときに、共生社会の実現のために、介護がいかに価値ある仕事なのかを実感していただければ幸いです。

目　次　＜ワンポイント知識＞

第1章　認知症の理解

1　認知症を取り巻く状況

1－1　認知症高齢者の現状と今後の動向

1－2　認知症に関する施策

1－3　認知症ケアの理念

1－4　認知症の治療

2　認知症の中核症状と BPSD、それに伴う日常生活への影響や認知症の進行による変化

2－1　認知症と加齢による物忘れの違い

2－2　認知症の概念

2－3　認知症の症状 (中核症状と BPSD) と日常生活への影響

2－4　認知症と間違えられやすい症状

3　認知症の種類とその原因疾患、症状、生活上の障害などの基本的な知識

3－1　認知症の種類と原因疾患

3－2　認知症の種類と生活上の障害

4 認知症の人及びその家族に対する支援や関わり方

I　認知症を取り巻く状況

　高齢者介護の中でも認知症高齢者への施策は急務となっています。認知症高齢者を取り巻く状況や現状、将来の見通しなどをふまえ、認知症施策について理解を深めます。また、今日の認知症ケアの考え方、認知症の治療などについて学びます。

　介護の場面では、認知症の人と接する機会が多くあります。一人ひとりに合った支援、対応をするためにも、認知症を理解することはとても大切です。

　まずは、認知症を取り巻く状況から、認知症について学びます。

I－I　認知症高齢者の現状と今後の動向

　「認知症」とは何でしょう。もし認知症は病気だと思っている人がいたら、それは誤りです。厚生労働省によると、認知症は「いろいろな原因で脳の細胞が死んでしまったり、働きが悪くなったりしたためにさまざまな障害が起こり、生活するうえで支障が出ている状態（およそ6カ月以上継続）」をいいます。認知症それ自体は病気ではなく、状態であるということを理解しておきましょう。

　認知症の人は、2012（平成24）年には全国で約462万人と推計され、その数は65歳以上の高齢者の15％、約7人に1人が認知症といわれていました。13年後の団塊の世代が75歳となる2025（令和7）年にはその数は700万人に達し、65歳以上の高齢者の約5人に1人は認知症になると予想されています。さらにこのまま増え続けると、2050（令和32）年には認知症の人は1,000万人を超える見通しとなります。認知症の原因の一つに加齢もあることから、超高齢社会で暮らす私たちの誰もが認知症になる可能性を持っている、といえます。

Ⅰ−2　認知症に関する施策

　認知症の人が増え続けているという状況を踏まえ、厚生労働省は、2015（平成 27）年に「新オレンジプラン」、2019（平成 31）年に「認知症施策大綱」を発表し、認知症の人の生活を支える体制を整えるための施策を示しました。そして 2023（令和 5）年、「共生社会の実現を推進するための認知症基本法」（通称「認知症基本法」。以下「認知症基本法」と呼びます）が制定されました。

　この認知症基本法は、認知症の人を含めた国民一人ひとりがその個性と能力を十分に発揮し、相互に人格と個性を尊重しつつ支え合いながら共生する活力ある社会（共生社会）の実現を推進することを目的としています。この法律で掲げた基本理念は次のとおりです。

（1）認知症基本法の基本理念

① 認知症の人が住み慣れた地域で**自らの意思で**日常生活や社会生活を営むことができる

② **国民が**認知症に関する正しい知識や**理解を深める**ことができる

③ 認知症の人が生活しづらいと感じる障壁（バリア）を除去し、社会の一員として地域で安心して日常生活を営めることや、**自分で意見を表明できる**機会や参画できる機会を確保することができる

④ 認知症の人の意向を十分に尊重し、**良質な保健医療サービスや介護を含む福祉サービス**が提供される

⑤ 認知症の人の**家族も安心**して日常生活を営むことができる

⑥ **共生社会の実現**に向け、認知症の予防や診断、介護方法などの研究を進め、その成果を国民へ広めることができるよう環境を整備していく

⑦ 教育、地域づくり、雇用、保健、医療、福祉その他の各関連分野において協力しながら**総合的な取り組み**として行われること

共生社会の実現を推進するための認知症基本法

第一章　総則

（目的）

第一条　この法律は、我が国における急速な高齢化の進展に伴い認知症である者（以下「認知症の人」という。）が増加している現状等に鑑み、認知症の人が尊厳を保持しつつ希望を持って暮らすことができるよう、認知症に関する施策（以下「認知症施策」という。）に関し、基本理念を定め、国、地方公共団体等の責務を明らかにし、及び認知症施策の推進に関する計画の策定について定めるとともに、認知症施策の基本となる事項を定めること等により、認知症施策を総合的かつ計画的に推進し、もって認知症の人を含めた国民一人一人がその個性と能力を十分に発揮し、相互に人格と個性を尊重しつつ支え合いながら共生する活力ある社会（以下「共生社会」という。）の実現を推進することを目的とする。

図表1－1　認知症基本法（一部抜粋）

　認知症になっても社会の中で希望を持って暮らせるような共生社会、皆で支え合う仕組みづくりを社会全体で推し進めていくことが大切です。

＜ワンポイント知識　認知症サポーターって？＞

認知症サポーターとは、認知症を正しく理解し、急増する認知症の人や家族を温かく見守る、地域の応援者のことをいいます。認知症高齢者の増加に伴い、家族や介護者だけでは対応が難しくなっているため、地域で認知症の人を支える活動として、認知症サポーターの養成が行われています。

　認知症サポーター養成講座は、全国の市町村・都道府県、または企業・職域団体が実施しており、講義時間は90分です。

Ⅰ-3　認知症ケアの理念

認知症が日常生活に与える影響は、どのようなことが考えられるでしょうか。

代表的な症状に、記憶力や理解力、判断能力が低下することがあげられます。例えば、家への帰り道がわからなくなってしまったり、周囲の人が話しかけている言葉が理解できなくなってしまったり、普段は意識しなくても自然とできていたことができなくなってしまうといったことがあります。

今までできていたことができなくなる、相手の言っていることが理解できなくなると、どのような精神状態となるか想像してみてください。不安が込み上げてきたり、悲しみや苛立ちを感じるのではないでしょうか。

認知症は、痴呆症という名称で呼ばれていた時代があります。この名称からもわかるとおり、以前は、認知症になると何もわからなくなる、何もできなくなると考えられてきました。これは、周囲の人が、認知症の人の日常生活上でできなくなる部分にばかり目を向けていたからだと考えられます。

しかし、認知症の人が自身の体験や思いを語る機会が増え、認知症に対する知見が広がったことで、認知症の人が、何もわからなくなったりできなくなるわけではないことがわかってきました。認知症になっても、その人のできることや感じていることがあることを周囲が理解し、日常生活で困っていることの解決に向けて本人と同じ目線で支援していくことが、認知症ケアでは重要となります。認知症の人の行動の背景には、不安を感じている場合が少なくなく、その不安となる要素を探り、どのように対応していくのかを考える認知症のケアは高い専門性が求められます。

1980（昭和55）年代末、イギリスの臨床心理学者である、トム・キットウッド（Tom Kitwood）は、認知症ケアについて「パーソン・センタード・ケア」という理念を提唱しました。パーソン・センタード・ケアとは、認知症の重症度に関わらず、認知症の人たちを私たちと同じ "ひとりの人" として捉え尊重すること、さらにその人を中心に "ひとりの人" として尊重されると本人が感じることが、ケアの考え方の中心となります。また、認知症の人の症状を理解する手がかりに、5つの要素「脳の障害、性格、生活歴、健康状態、その人を取り囲む社会心理（環境）」をあげています。これらの要素を総合的に捉えることで、本人の思

いやこれまでの生活習慣を尊重し、本人のペースに合わせ、達成感や満足感が得られる役割を作るなどの**尊厳を守るケア**につながるのです。

　現在、認知症となった人ではなく"ひとりの人"としての本人の思いを知り、本人のできることに目を向け支援することが認知症ケアの基本となっています。

Ｉ－４　認知症の治療

　認知症とは、さまざまな病気が原因で脳の神経細胞が損なわれ認知機能が低下し、日常生活や社会生活、仕事などに支障をきたしている状態のことをいいます。認知機能とは、記憶や注意、見たり聞いたりしたものを頭の中で考え分析し判断する働きのことです。普段、私たちは朝起きてから、顔を洗う、歯を磨く、食事をするといったさまざまな情報から、自らの行動を選択し判断して行動に移しています。このような判断ができるための機能を認知機能といいます。

　では、認知症はどのように診断されるのでしょうか。

　WHO（世界保健機関）の国際的な診断基準では、①記憶障害があること、②意識混濁がないこと（意識障害ではないこと）、③日常生活動作や遂行能力に支障をきたす症状などが６カ月以上継続していること、とされています。

　また、アメリカの精神医学会の基準では、前述の WHO の診断基準の①記憶障害があることが絶対条件ではなく、社会のルールを守ったり他者への思いやりのある行動がとれる認知機能が障害された場合でも認知症に含まれます。

　認知症は早期の発見が大切です。本人または家族や仕事場の同僚など周囲の人が記憶障害やその他の認知機能の変化に気づいた際、速やかにかかりつけ医や認知症専門医をはじめとした専門の医療機関を受診することが望ましいでしょう。医療機関を受診した際、頭部 CT 検査や MRI 検査等の画像診断や心理検査等を行うことで正確な診断を受けます。

　治療方法としては、病状の進行を遅らせる薬などを使用する薬物療法や、薬を使用しない非薬物療法（音楽療法、化粧療法、アニマルセラピーなど）があります。受診すれば、診断結果をもとに日常生活上で必要な支援がみえてくるため、今後を見通すことができます。認知機能の低下を引き起こす病気の種類によっては、早い段階で発見されれば治療し軽快する

ものもあります。また、いわゆる物忘れがある人の中には、認知症のごく初期の人がいると
いわれています。画像診断では脳の変化が見つからない場合もあり、日頃から周囲の人が注
意深く見守り、物忘れの状況が改善しなければ、より専門的な検査をすることが必要となり
ます。

　早期に発見し治療を受けることが、本人や家族にとって、今後の日常生活に対する安心感
や方向性を見出すことにつながります。周囲の人が本人に受診を勧める説明をする際、認知
症というと驚かれるかもしれません。今の生活の不安を取り除くために検査や治療を受ける
といった目的を説明したうえで、早期の治療へ結び付けられるよう配慮することも大切です。

2　認知症の中核症状とBPSD，それに伴う日常生活への影響や認知症の進行による変化

認知症は、それ自体が疾病ではなく、ある疾病やさまざまな原因により日々の暮らしに支障が出ている状態をいいます。ここでは、認知症として実際に出てくるさまざまな症状と、それによる日々の暮らしへの影響について学びます。

2－1　認知症と加齢による物忘れの違い

高齢になると、会話の中で瞬時に人の名前が思い出せないことや、忘れ物が多くなったなどということは誰にでもあります。日常生活にそれほど支障がなく、半年や1年くらいの間にその症状がひどくならなければ、加齢による物忘れである可能性が高いといえます。

一方、認知症による物忘れは、出来事があったこと自体を忘れてしまいます。例えば、食事をしたにもかかわらず食事をしたこと自体を忘れてしまい、「ご飯はまだ？食べていない」と何度も食事を要求するといったこと、自分に家族がいたこと自体を忘れてしまうといったことが認知症による物忘れにあたります。

物忘れが加齢によるものなのか認知症によるものなのかの見分けがつかず、認知症の発見が遅れてしまう場合もありますので、それぞれの原因で起こる物忘れの違いを理解しておきましょう。

加齢による物忘れ	認知症による物忘れ
急に思い出すことができない	出来事や体験全体を忘れる
ヒントがあると思い出せる	ヒントを与えられても思い出せない
日常生活にさほど支障がない	日常生活に支障がある
時間や場所などの見当がつく	時間や場所などの見当がつかない
物忘れをしていることの自覚がある	物忘れをしていることの自覚がない

図表1-1 加齢による物忘れと認知症による物忘れ

2-2 認知症の概念

認知症とは病名ではなく、何らかの原因で神経細胞が壊され、それによって持っていた認知機能が障害されて、日常生活または社会生活、仕事などに支障をきたした状態をいいます。

認知機能の障害とは、記憶、言語、行為、認識、実行機能などに支障をきたした状態であり、認知症は、高齢者だけでなく、原因によっては若い世代であっても起こります。

認知症の早期発見や進行度合いを評価するための指標がいくつかあります。代表的なものに「長谷川式認知症スケール（HDS-R）」があります。このスケールには、例えば質問の一つに「100-7は？」、「そこから7を引くと？」といった項目があります。これは基本的な計算能力に対する質問ですが、もう一つの目的として、100から7を引いた93という数字を一旦記憶し、さらにもう一度引き算をするという複数の作業を頭の中でできるかどうか確かめるために設けられています。

長谷川式認知症スケールのほかにも、米国で開発されたMMSEやSED-11Q(Symptoms of Early Dementia-11Questionnaire）などの指標が医療や介護現場で活用されています。

＜ワンポイント知識　当事者が語る認知症＞

我が国の認知症研究の第一人者と呼ばれた医師・精神科医である長谷川和夫氏（1929（昭和4）年 - 2021（令和3）年）は、自身が中心となって開発した「長谷川式認知症スケール（HDS-R）」を1974（昭和49）年に公表し（改訂版は1991（平成3）年に公表）、認知症の分野において半世紀にわたり診療と研究に携わりました。また、晩年には長谷川氏自身が認知症となったことを公表し、当事者として認知症について語っています。

「認知症になったからといって、人が突然、変わるわけではない。自分が住んでいる世界は昔も今も連続しているし、昨日から今日へと自分自身は続いている。認知症になると、周囲はこれまでと違った人に接するかのように、叱ったり、子ども扱いしがち。だけど、認知症でない人だって間違うよね。その人が話すまで待ち、何を言うかを注意深く聴いてほしい。『時間がかかるので無理だ』と思うかもしれないが、『聴く』ということは『待つ』ということ。『待つ』というのは、その人に『自分の時間を差し上げる』ということ。」

（出典：「ボクはやっと認知症のことがわかった　自らも認知症になった専門医が、日本人に伝えたい遺言」長谷川和夫／猪熊律子（著）KADOKAWA より）

私たち介護の仕事を目指す人たちには、この「待つ」姿勢が求められています。

2－3　認知症の症状（中核症状とBPSD）と日常生活への影響

　認知症の症状は、脳が何らかの原因で障害されることによって起こる「中核症状」と、人との関わりなどによって起こる「行動・心理症状（BPSD）」の2種類に分けられます。

　「中核症状」は認知症になると誰にでも起こりうる症状であり、「行動・心理症状（BPSD）」は本人の性格や生活環境や人間関係等により左右されるため、人により現れ方が異なります。

　介護する側や家族がより悩ましく感じるのは、中核症状より行動・心理症状（BPSD）であるといえるでしょう。

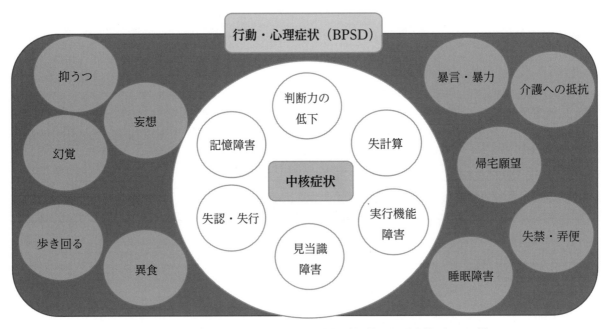

図表3－1　認知症の中核症状と周辺症状（行動・心理症状（BPSD））

（1）中核症状

①　記憶障害

　記憶障害は、本人の自覚症状としても家族が気づく症状としても最も多いものです。

　記憶は、内容によって「エピソード記憶」（例：食事をしたという出来事の記憶）と「意味記憶」（例：食べ物の名前の記憶）、「手続き記憶」（例：箸の使い方など体で覚えた記憶）に分けられます。

　認知症ではまずエピソード記憶が障害されます。今朝食事をしたことを覚えていないため

「ご飯を食べていない」といった訴えになります。体験そのものが記憶から抜け落ちてしまい、思い出すことが難しいことが特徴です。一方で個人差はありますが、認知症が進行しても手続き記憶はかなり長い期間保たれます。

② 見当識障害

見当識障害は、「今がいつか（時間）」「ここはどこか（場所）」といったことがわからなくなることをいいます。自分がどこにいるのかがわからなくなり道に迷ったり、季節に合わない格好をしたりするといったことがみられるようになります。

③ 実行機能障害

計画を立てて物事を実行することが難しくなります。「予定時間に目的地に着くには家を〇時に出なければならないから、まずこれから準備しよう」と考えて行動するといったことが難しくなります。

④ 失認・失行

失認とは、視力や聴覚といった感覚機能には異常がないにも関わらず、物を認識したり音を聞き分けたりすることが難しくなることをいいます。

失行とは、運動機能に障害がないにも関わらず、以前はできていた着替えや道具を使うなどの動作が難しくなることをいいます。

⑤ 失計算

簡単な計算ができなくなることをいいます。

⑥ 判断力の低下

物事を考えたり判断することが難しくなることをいいます。場違いな行動をとったり、的確な判断ができなくなったりします。

（2）行動・心理症状（BPSD）

① 歩き回り

落ち着きなく歩き回り、帰り道がわからなくなるなどの行動がみられます。

② 暴言・暴力

自分の気持ちをうまく伝えられないなど、感情をコントロールできないために暴力をふ

るったりします。

③ 妄想

物を盗まれたなど事実でないことを思い込んでしまいます。

④ 介護への抵抗

入浴や着替えのときに、介護者の手を振り払ったり、暴力的な言葉を吐いたりします。

⑤ 弄便・失禁

排泄物をもてあそんだり、トイレに間に合わずに失禁してしまったりします。

⑥ 睡眠障害

昼夜が逆転して日中にうとうとして夜中に目が覚めて眠れなくなります。

⑦ 抑うつ

意欲が低下してやる気が湧かない、気分が落ち込むなど、うつ病とよく似た症状が現れます。

⑧ 異食

食品でないものを口に入れてしまいます。

⑨ 幻覚

見えないものが見える、聞こえないものが聞こえたりします。

⑩ 帰宅願望

「家に帰りたい」と訴えたり、その場から実際に離れようとしたりすることをいいます。自宅にいる時にもこのように訴える場合もあります。

「行動・心理症状（BPSD）」は「中核症状」の影響で見られるといわれ、これらの症状と日常生活の中で向き合うことは、認知症の人だけでなく家族をはじめとした介護者にとっても精神的負担が大きいものです。このような負担を軽減するために、まずは本人の不安や苦しみを周囲が理解すること、落ち着いた環境をつくること、専門医をはじめとした専門職へ速やかに相談することなどが大切です。

<ワンポイント知識　不穏とは>

「不穏」という言葉を介護現場で耳にします。それまで穏やかに過ごしていた人が、夕方が近づくにつれて落ち着きなく歩き回り始めたり、夕方に限らずそわそわして落ち着きがなくなったりする状態を「不穏」といい、行動の異常を表す言葉として使われています。

家に帰りたい、何か物を探している、私たちとは違う何かを見て不安を訴えているなど、不穏の状態となる人の見ている世界は人それぞれです。

不穏となる行動の裏側には何か訴えたいことが隠れているということを理解し、その不安などを取り除くことも、介護する側からの大切な働きかけの一つになります。

2－4　認知症と間違えられやすい症状

認知症とよく似た症状に仮性認知症があります。

仮性認知症は、うつ病などが原因で認知症によく似た症状が出ます。

気持ちの落ち込みは私たちの日常生活の中でも起こり得ることですが、通常は時間の経過とともに落ち着きを取り戻します。けれども、強い悲しみや気分の落ち込みなど、いわゆる"抑うつ気分"や意欲、喜びの低下が現れる状態が継続する場合、「うつ病」と診断されることがあります。

認知症と間違われやすいうつ病の人の症状としては次のようなものがあげられます。

・集中力困難・不注意などで、仕事や家事でミスを繰り返す

・無関心、無頓着になり、身だしなみを構わなくなり、行動制限が起こる

・不安や焦り、自分を責める妄想などで、抑制が効かない異常な行動をとる

なお、うつ病には、気分が落ち込み明らかに意気消沈した様子であるといった典型的な症状が見られない場合や、外見上はうつであるとわからない場合も多くあります。例えば、うつ特有の落ち込みなど精神症状がそれほど現れず、一方で、眠れない、疲れた、食欲がないといった身体症状を強く訴え、時に病気に対する脅迫的な心配や恐れをみせる人などがそれにあたります。このように、身体症状が表立って目立ち、精神症状が他人にわかりにくい特徴のうつ病を、特に「仮面うつ病」と呼びます。

認知症なのかうつ病なのかを私たちが識別することは難しいため、気になる場合は、医療

機関を受診しましょう。

　また、高齢者によくみられる意識障害に「せん妄」があります。意識ははっきりしているように見えますが、本人は混乱している状態をいい、注意力・集中力・持続力が障害され、認知機能に支障を伴います。

　せん妄は症状が変動しやすいことが特徴で、その周期は数分間から数時間、数日続く場合もあります。例えば、ぼーっとして話しかけても返事ができなかったり、つじつまの合わない話をしたり、昼夜逆転が起こったり、現実には見えないものが見えるといったことが起こります。

　せん妄は、さまざまな感染症や炎症等で体に負担がかかったときに起こります。特に高齢者に関しては、若年者では問題にならないような軽度の脱水や薬（抗精神病薬や睡眠導入剤など）の副作用などによっても引き起こされます。

　せん妄は早めに対応することによって症状を改善することができます。急に症状が現れた高齢者に対しては、静かな場所で落ち着いた環境を整備したり、早急に医療機関の受診を促したりしましょう。

3 認知症の種類とその原因疾患、症状、生活上の障害などの基本的な知識

認知症の種類とその原因になるいくつかの疾患と症状、日々の暮らしの中で実際に起こる「暮らしにくさ」について、学びます。

3－1　認知症の種類と原因疾患

認知症の原因疾患として代表的なものは4つあげられます。

（図表1－1）によると、認知症の原因疾患の中で最も多いのはアルツハイマー型認知症、続いて脳血管性認知症、レビー小体型認知症、前頭側頭型認知症と続きます。

それぞれの疾患を原因とする認知症には特徴があります。

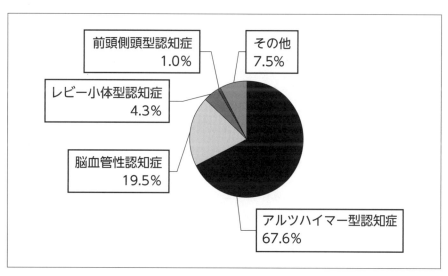

図表1－1　認知症の原因となる疾患の内訳（出典：厚生労働省資料）

（１）アルツハイマー型認知症

　認知症全体の約７割を占めるのが、アルツハイマー型認知症です。脳内に溜まった異常な
たんぱく質により神経細胞が失われ、脳全体が萎縮することが原因で起こり、徐々に進行す
ることが特徴です。

　アルツハイマー型認知症は、初期の段階では記憶障害の症状が現れます。つい先ほど起こっ
た出来事自体を忘れてしまい、ヒントがあっても思い出せないといった記憶障害で、物忘れ
とは異なります。もの盗られ妄想なども見られるようになり、ゆっくりと進行し、着替えや
食事などの日常生活動作も難しくなっていきます。

（２）脳血管性認知症

　脳血管性認知症は、脳の血管が詰まったり破裂することがきっかけで起こる脳血管障害（脳
梗塞や脳出血・くも膜下出血などの総称）が原因で起こります。神経細胞が広い範囲で障害
されるアルツハイマー型認知症と違い、障害を受けた部分と正常な部分が混在しているため、
できないことと、できることが混ざっていることから「まだら認知症」とも呼ばれています。
また、脳血管障害を繰り返し発症すると段階的に症状が進行します。記憶力は割合に保たれ
る一方で、感情が不安定となり怒りっぽくなるといった性格の変容がみられるなどの症状が
特徴的です。

（３）レビー小体型認知症

　レビー小体型認知症は、「レビー小体」と呼ばれる特殊なたんぱく質が大脳全体に現れる
ことや、神経伝達物質の一種であるドーパミンが不足することにより起こります。

　特徴的な症状として、実際には存在しない物が見える「幻視」や「妄想」といった症状が
あげられます。また、手足が震える、筋肉がこわばって動作が遅くなる「パーキンソン症状」
が目立つことも特徴です。

（４）前頭側頭型認知症

　前頭側頭型認知症は、脳の前頭葉や側頭葉と呼ばれる部分が萎縮して起こります。前頭葉

は判断や思考や感情をコントロールし、側頭葉は言語や音の認識、記憶の役割を担っています。前頭側頭が萎縮すると、身なりに構わなくなる、短気になる、万引きや無賃乗車をする、衝動的な言動をとるといった自分本位の行動がみられるようになります。また、同じものばかりを食べる、同じ道を行って帰ってくるといった決まった行動を繰り返すなど、周囲の人からは人が変わってしまったと思われるような行動をすることが特徴です。

３－２　認知症の種類と生活上の障害

　認知症の原因疾患の中の主な４つについては理解できたと思います。ではこの４つの認知症と診断された人たちが日常生活を送る中で、どのような時に暮らしにくさを感じるのかを理解していきましょう。

（１）アルツハイマー型認知症

　アルツハイマー型認知症は、起きた出来事を忘れてしまう記憶障害が特徴的です。例えば自身のアクセサリーや財布などの大切な金品の保管場所が思い出せなくなり、不安や焦る気持ちを抱えます。家族や介護者がそれらを見つけ本人へ返すことで一旦は安心しますが、再び本人にしかわからないような場所へ保管し、その場所がわからなくなり不安になるということを繰り返します。「家族や介護者が盗んだのではないか？」と身近な人を疑いトラブルになる場合もあります。

　アルツハイマー型認知症の人の中には、このような一連の行動や心理症状（もの盗られ妄想）がみられる人がいます。起きた出来事を記憶することが難しい状態にあることを理解しておきましょう。

（２）脳血管性認知症

　脳血管性認知症は、脳に障害を受けた部位により症状が異なります。考えるスピードが遅くなったり、やる気がなくぼーっとしている等の症状がみられることが特徴的です。こちらが呼びかけても上の空の反応になったり、反応に時間がかかることがありますが、決して本人が相手を無視しているわけではなく、認知症の症状として反応が遅くなったり気力を失っているような状態となっていることを理解しておきましょう。

（3）レビー小体型認知症

　レビー小体型認知症は、私たちが認識している物が違う物に見える「錯視」や、そもそもそこに存在しない物がみえる「幻視」症状がみられます。

　さらに特徴的な症状である、筋肉がこわばり動作が遅くなる「パーキンソン症状」では、立つ・座る・歩くなどの動作の際、身体が硬くなっているように感じ、本人の思うように身体を動かすことができない状態となります。動作が緩慢になることで、周囲の家族は「怠けているのではないか」「どうしてすぐに動いてくれないのか」とイライラしてしまうものです。しかし、本人は必死で身体を動かそうと頑張っていることを理解しておきましょう。

（4）前頭側頭型認知症

　前頭側頭型認知症は、自分で自分を抑えられず、突然行動を起こす特徴があります。例えば時計や看板が目に入ると読み上げる、店の中で何か欲しいものがあると持ち去る、いきなり怒る、といった社会のルールを無視した行動を起こすことがあります。また、何度も同じ道を歩いたり、同じ行動を繰り返すといった常同行動がみられます。これは脳の障害により、行動のコントロールが難しくなることが理由であることを理解しておきましょう。

4 認知症の人及びその家族に対する支援や関わり方

認知症の基本を踏まえたうえで、認知症の人、認知症の人の家族への支援のポイントをおさえましょう。

4−1 認知症の人への支援や関わり方のポイント

認知症の基本を理解したうえで、症状だけに目を向けるのではなく、本人に目を向ける支援とはどのような支援なのか、理解を深めていきましょう。

認知症の人への支援では、その人が見て聞いて感じている世界を知ろうとすることが大切です。認知症の症状に目を向け、認知症ではない人の視点でその人を見ようとすると、本人のできていないところばかりに目が向き、なぜこんなことができないのか、どうしてこのような行動をするのかという思いばかりが膨らみ、結果的に不適切なケアにつながってしまいます。認知症のケアでは、認知症の人が抱えている生活上の課題や本人の暮らしにくさとは何かを探り、必要な支援を行うことで、本人が少しでも不安がなく、安心した生活を送れるよう支援していく姿勢が求められます。

（1）その人自身を知ることの大切さ

認知症の人は、つい最近の出来事を忘れてしまうという記憶障害があることを説明してきました。しかし、全ての記憶が失われるわけではなく、数十年前に起きた出来事や出会った人、長く習慣としていた行為や仕事などの記憶は保たれます。本人の大切にしてきた生活習慣や培われた経験などを知り、本人がどのような人生を歩んできたのかを介護者が知ることが、その人のできることを見つける視点につながり、関わり方のヒントが得られるのです。

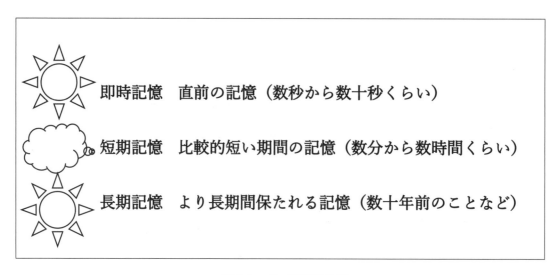

図表1−1　記憶の分類

（2）本人の気持ちを受け止める

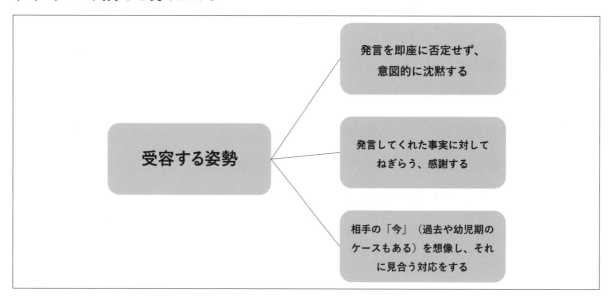

図表1−2　受容する姿勢

　認知症の人と関わる際、私たちが見えている世界と本人が見えている世界が違う場合があります。

　例えば、誰も背中に乗っていないのに、「赤ちゃんをおぶっている」と言う認知症の人に対して、私たちはどのように声をかければよいでしょうか。認知症の人への支援では、否定をせずに本人の気持ちを受け止めることが大切です。赤ちゃんはいないという声かけをしてしまうと、本人は自分の訴えを否定されたと思い、不安が募る可能性があります。まずは本人の気持ちを受け止め、訴えに対して労いの言葉や感謝の気持ちを伝えることで安心感を与えるよう心がけて対応することが大切です。また、過去に子どもをおぶった経験があり、そ

の時代の自分に戻って話をしている可能性もあります。本人が生きている「今」がいつの時代なのかを理解して関わることも、大切なポイントです（図表1-2）。

（3）環境を整える

　認知症の人に限らず、人は慣れ親しんだ環境で日常生活を送ることで安心感を得ます。長年使用してきた家具や、親しみのある日常生活用品を見たり触れたりするといった、今までの暮らしや生活を継続する機会が保たれる環境を整えることは大切です。慣れ親しんだ環境で過ごすことが本人の安心感につながり、行動・心理症状が落ち着くといったこともあります。さまざまな理由により住居を移さなければならなくなった際、元々暮らしていた本人の居住環境を知ることも支援のポイントとなります。

　高齢者介護施設に入居する方の中には、食堂から自室へ戻る際、自分の部屋がわからなくなってしまう人がいます。部屋の場所を思い出そうとしているのですが思い出せず、不安や焦りを感じながら別の人の部屋に入ってしまいトラブルとなるケースもみられます。このような場合、本人が自室を認識できるような目印をつけることが有効な支援方法の一つになります。

　介護者がその都度声をかけることも支援方法として考えられますが、自身で行動しやすい環境を整えることも大切な支援の視点です。なぜなら、認知症であっても多くの人が「できる限り自分のことは自分でしたい」と思っているからです。介護者は、認知症の人の「やってみたい」という想いや「自分でできた」と思える達成感を本人が得られるよう支援することを心がけていきましょう。

（4）安心できる関係性

　本人と介護者の間で安心できる関係性を築くことが、居心地のよい環境を整えることにもつながります。

　では、安心できる関係性を築くためにはどのような関わり方が求められるのでしょうか。

　認知症の人は、声をかけられても相手を認識していない場合があります。このような場合、介護者はまずその人の正面から相手と目線を合わせ、「見ること」を意識します。これは、

フランスで開発された「ユマニチュード」というケアの技法になります（図表１－３）。相手と水平に目を合わせることで「平等」を、正面から見ることで「信頼」を、顔を近づけることで「優しさ・親密さ」を示すメッセージを送っているのです。介護者はこのようなメッセージを送り、急がせず本人と視線が合うことを確認して声をかけるとよいでしょう。

その他にもゆっくりと優しく触れる技術や相手を大切に思い話しかける技術などを用いることで、認知症の人との安心できる関係性が少しずつ築かれていくのです。

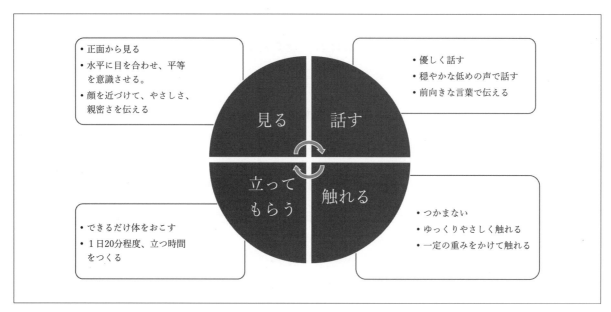

図表１－３　ユマニチュードの考え方

４－２　家族への支援や関わり方のポイント

これまで一緒に人生を共にしてきた家族が認知症の診断を受けた際、すぐにその状況を受け入れることは簡単なことではありません。元々できていたことができなくなっていく過程をそばで見ていると、悔しさや悲しみ、無力感などさまざまな感情が入り乱れ葛藤します。

精神的なストレスに加え、身体的な介護負担を多く抱える家族は、しっかりしてもらいたいという気持ちから認知症の家族を叱責することが増える場合もあります。介護職はこうした家族の心理状況を理解し、本人のみならず家族に対しての支援や関わりを持つことも、大切な役割の一つとなります。

（１）家族と良好な関係を築く

　施設に入所している認知症の人と関わるときは、複数名で関わりを持ち支援するため、介護負担も分散されます。しかし、家族、特に同居している家族は毎日関わらなければならないことから、介護負担を感じがちです。仕事を持っている家族は、帰宅してから家事、介護に追われます。仕事を持たずに介護している人は、家という狭い空間の中で認知症の人と長い時間を過ごすため、精神的に追い詰められやすくなります。

　また、「老々介護」（高齢者が高齢の配偶者等を介護すること）、「認認介護」（認知症の人が認知症の配偶者等を介護すること）を行わざるを得ない世帯も増えつつあり、自身のことをするにも苦痛や困難さを抱えているのに、配偶者等のことまで思いやる余裕がないという事態も考えられます。

　介護職員は家族と良好な関係性を築くためにも、家族の大変さを理解し、その頑張りをねぎらう習慣を身につける必要があります。このような態度は認知症に限らず、介護が必要となった人の家族に対して向き合う基本姿勢となります。「不安でしたよね」「大変でしたね」と介護職からかけられる一言が、家族にとって「この職員は私の大変さをわかってくれる」と感じてもらえるきっかけにつながり、お互いの距離が少しずつ近づきます。

（２）認知症カフェ

　認知症の人を介護している家族にとって、不安や悩みを打ち明けられる場所があることで精神的な負担が少しでも軽くなれば、大きな支えにつながります。

　全国47都道府県に広がっている「認知症カフェ」は、月に１～２回程度、介護サービス事業所や公民館などを利用して、認知症の人や介護している家族、地域住民や専門家が気軽に交流し集える場となっています。認知症の人を介護している家族が同じような状況の人と出会い、お互いの悩みを話したり分かち合う機会を得ることで、先の見えなかった介護に希望が持つことができたり、孤独感が和らぐ場合もあります。

　認知症の人を介護する家族が一人で抱え込まず、気軽に悩みを話すことができ、人とつながれる場所があるという情報を提供することも、介護職としての重要な役割の一つです。

（３）レスパイトケア

　認知症の人を介護する家族は、一人で何とかしなければならないという使命感や責任感の
もとで頑張り続けてしまうと、自身の健康を損ねてしまう可能性があります。そこで、家族
が抱える身体的・精神的負担などの介護負担を軽減するための「レスパイトケア」が必要と
なります。

　レスパイトとは、「休息」や「息抜き」という意味です。家族が息抜きできるようにレス
パイトケアを効果的に行うことができれば、認知症の人の在宅生活を継続することにもつな
がります。

　レスパイトケアとして機能する重要な社会資源の一つが介護保険サービスです。訪問介護
（ホームヘルプサービス）で入浴や家事の支援を得ることで、介護者の直接的な介護負担が
軽減されます。通所介護（デイサービス）を利用することで、家族は認知症の人の行動を気
にしなくてもよい時間を手に入れることができます。また、夜間行動が見られる人が短期入
所生活介護・療養介護（ショートステイ）を利用することで、家族は安心して睡眠がとれる
日が確保できます。

　介護保険サービスを上手く活用することが、日常的に抱えていた介護負担を軽減すること
につながり、介護者があきらめていた楽しみや生きがいを取り戻すことにもつながります。
介護職が提供する介護保険サービスは、認知症の人の家族の自己実現にも寄与しています。

　このほか、民間の家事代行サービスや市町村独自での認知症者の見守り事業、認知症サポー
ターをはじめ、コンビニエンスストア、郵便局などの地域の人々の理解と支援もレスパイト
ケアの一助になります。

4-3 相談できる窓口 ※2023（令和5）年12月の情報です

認知症に関する相談窓口について、具体的にどのような場所があるのかをみてみましょう。

地域包括支援センター	認知症に詳しい認知症疾患医療センターや認知症初期支援チームなどの関係機関とも連携しながら、適切な保健福祉サービスや制度の利用につながるようさまざまな支援を行っています。地域包括支援センターは、全ての市区町村に設置されています。
公益社団法人 認知症の人と家族の会	全国に支部があり、認知症の人本人同士や、介護者の人同士で悩みを相談したり交流を図る集いの会を定期的に開催しています。 フリーダイヤルで電話相談も行っています。 なお、すべての都道府県支部で電話相談を実施しています。
若年性認知症コールセンター	（認知症介護研究・研修大府センター） 65歳未満の認知症の人や家族の相談に応じています。
認知症疾患医療センター	認知症の医療相談や診察に応じる専門の医療機関です。もの忘れ相談から、認知症の診断、治療、介護保険申請の相談まで、広く認知症に関する支援を提供します。地域の関係機関と連携し、地域医療と介護が一体となって認知症の人とその家族を支援します。各都道府県、政令指定都市が指定する病院に設置されています。
社会福祉協議会	認知症高齢者等の判断能力が不十分な人が、地域において自立した日常生活を送れるよう福祉サービスの利用援助や日常的金銭管理の支援を行っています。
各市区町村の高齢者福祉担当課	各市区町村内の医療機関や地域包括支援センター、その他相談できる窓口や利用サービスの情報提供を行います。

このほか、地域ごとに、さまざまな取り組みが実施されています。

第2章　障害の理解

1　障害の概念や障害者福祉の理念

1－1　障害の概念と国際生活機能分類（ICF）

1－2　ノーマライゼーション、インクルージョン、リハビリテーション、エンパワメント

1－3　共生社会に生きる私たち

2　障害特性（身体、知的、精神、発達、難病等）に応じた生活上の障害や心理・行動の特徴などの基本的な知識

2－1　身体障害の障害像と基本的な知識

2－2　知的障害の障害像と基本的な知識

2－3　精神障害の障害像と基本的な知識

2－4　発達障害の障害像と基本的な知識

2－5　難病の障害像と基本的な知識

2－6　廃用症候群（生活不活発病）についての理解

3 障害児者及びその家族に対する支援や関わり方

I 障害の概念や障害者福祉の理念

皆さんは「障害」をどのように捉えていますか。この章では、「障害」の概念や、障害者福祉の理念など、障害者福祉を理解するための基本的知識を学びます。初めて聞く言葉や専門用語が出てきます。どれも障害を理解するためには大切な用語ですので、一つ一つゆっくり理解していきましょう。

I－I 障害の概念と国際生活機能分類（ICF）

私たちの国の「障害者基本法」においては、障害者を次のように定義しています。

障害者基本法 （定義）の抜粋

第2条

1 障害者

　身体障害、知的障害、精神障害（発達障害を含む）その他の心身の機能の障害がある者であって、障害及び社会的障壁により継続的に日常生活または社会生活に相当な制限を受ける状態にあるものをいう。

この法律で定義される障害者とは、日常生活や社会生活を送るにあたって、心や体の機能に何らかの困難さを抱えている状態にある者であると理解することができます。さらにこの法律では、社会的障壁という環境面から受ける困難さを抱えている者も障害者であるとしています。また、障害者の日常生活及び社会生活を総合的に支援するための法律（以下＝障害者総合支援法）において、障害者の定義には難病患者（治療方法が確立していない疾病その他の特殊の疾病であって政令で定めるものに

障害の捉え方

車いすを使用する人が、ある店を利用しようとやってきました。その店には階段しかないため、この人は一人で店に入ることができません。

このような状況は、本人にとっては障害と捉えることができます。

図表1－1　障害の捉え方

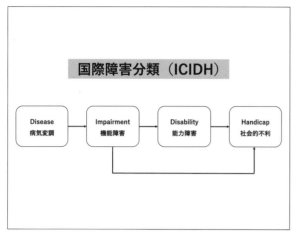

図表1－2　国際障害分類（ICIDH）

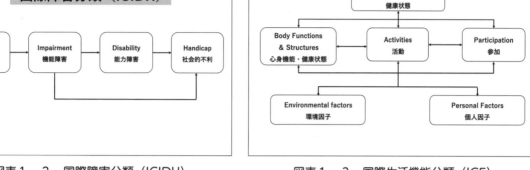

図表1－3　国際生活機能分類（ICF）

よる障害）も含まれます。

　2022（令和4）年に行われた厚生労働省の調査によると、障害者の概数は、身体障害者（身体障害児を含む）436万人、知的障害者（知的障害児を含む）109万4千人、精神障害者614万8千人となっています。

　何をもって「障害」「障害者」というのか、非常に難しい問題です。

　1980（昭和55）年、世界保健機関（WHO）は、「国際障害分類（ICIDH）」というモデルを作成し「障害」の考え方の共通化を図ろうとしました。

　左はICIDHの概念図（図表1－2）となります。例を一つあげましょう。脳梗塞という病気になりました（病気変調）。その結果、概念図の矢印→の方向にしたがって、左半身麻痺になり（機能障害）、麻痺により歩くことができなくなり（能力障害）、外出ができなくなりました（社会的不利）。つまりICIDHは、病気や身体機能の障害がその人の能力障害や社会的不利をもたらすという考え方で整理されているということです。

　ICIDHは、機能障害が原因で社会的不利を引き起こすという単純な図式で障害を説明しようとしたこと、また、障害を否定的な言葉で表現していることから、社会全般では受け入れがたいものでした。

　これに対して、世界保健機関（WHO）は、2001（平成13）年に、人の健康状況と健康関連状況におけるすべての生活機能やその人の環境などの背景因子の相互作用に着目した「国際生活機能分類（ICF）」を新たに提唱しました（図表1－3）。

　ICFは、不利、障害といった言葉を使わず、心身機能・身体構造、活動、参加といった中

立的な言葉を用い、障害をプラス面とマイナス面の両面からみて「その人」自身を総合的に判断しようとしています。

「その人」自身の障害を、より幅広い視点で捉えるという点で発想転換しているところにICIDHとの大きな違いがあります。

また、一方向的な障害のマイナス面に着目したICIDHとは違い、どのような要因がお互いに影響して日常生活に制約をもたらすことにつながっているのか、要因間の双方向の作用で影響し合うところに着目している点においても、障害の捉え方が異なります。例えば、脳梗塞（健康状態）により、左半身麻痺（心身機能）となりますが、車いすを利用すれば移動することが可能です。元々外出することが好きな人であれば、介護者や環境を整えれば外出することが可能となります。

このようにICFの考え方は、障害のある人の全体を捉えることで、どのようにすれば日常生活や社会生活の制限を軽減することができるようになるのかというプラス面に着目していることが理解できたと思います。現在、国際的には、このICFの障害の捉え方が共通した考え方であるといえるでしょう。

Ⅰ-2　ノーマライゼーション、インクルージョン、リハビリテーション、エンパワメント

障害者福祉を含む社会福祉の理念には、いくつか基本となる共通した考え方があります。どれもとても重要であるため、各々の用語とその基本的な考え方について理解しておきましょう。

（1）ノーマライゼーション

障害者福祉の基本理念に「ノーマライゼーション」という考え方があります。「ノーマライゼーション」とは、障害者を障害者でない人にすることを目的としているのではなく、「障害のない人の生活条件（ノーマル）に可能な限り近づける」ことを目的とするという考え方から始まりました。より広い意味で解釈すると、「社会の中で困っている人の生活条件を、普通の人（困っていない人）の生活条件に可能な限り近づける」ということです。

この理念を提唱したのは、デンマークのニルス・エリック・バンク＝ミケルセンです。この「ノーマライゼーション」の思想は、1950（昭和25）年代後半に提唱されて以降、世界の障害者福祉に大きな影響を与え、今日の社会福祉のあらゆる分野における理念の土台となっています（図表2－1）。

図表2－1　ノーマライゼーションの思想

（2）インクルージョン

インクルージョンとは、「包含、包括、含める」という意味で、元々は教育分野の領域において「すべての人に質の高い教育を提供することを念頭に、身体障害、発達障害などがある子どもたちとない子どもたちが、自分に合った学びの場を選択でき、共に学ぶ」という考え方を説明する際に使われていました。1994（平成6）年にユネスコ（国際連合教育科学文化機関）の会議において採択された「サラマンカ宣言」から世の中に広まり、現在さまざまな分野で使われています。福祉の領域においては、障害の有無にかかわらず地域で地域の資源を活用し、市民と共に生きる理念として捉えられています。

（3）リハビリテーション

世界保健機関（WHO）によると、リハビリテーションは以下のように定義されています。

・リハビリテーションは、能力低下やその状態を改善し、障害者の社会的統合を達成するためのあらゆる手段を含んでいる。

・リハビリテーションは、障害者が環境に適応するための訓練を行うばかりでなく、障害者の社会的統合を促す全体として環境や社会に手を加えることも目的とする。

・障害者自身・家族・そして彼らの住んでいる地域社会が、リハビリテーションに関するサー

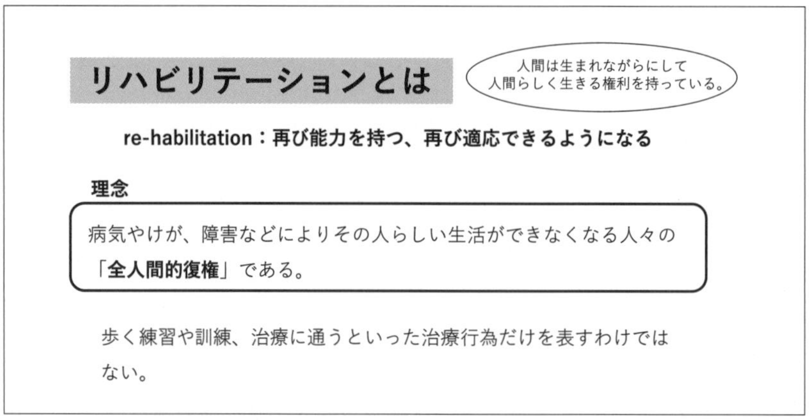

図表2-2　リハビリテーションとは

　ビスの計画と実行に関わり合わなければならない。

　このように、リハビリテーションとは、単に病院などで行う機能訓練を指すのではなく、その人がその人らしく生きる権利を回復する「全人間的復権」と、そのための活動の全てなのです。

（4）エンパワメント

　「エンパワメント」は、アメリカの社会福祉の分野で取り入れられた理念です。社会的に不利な状況に置かれた人々の自己実現を目指しており、その人の有するハンディキャップやマイナス面に着目して援助をするのではなく、その人が持っている「長所」「力」「強さ」に着目して援助することです。「エンパワメント」の考えに基づく支援により、支援を必要とする人が自分の能力や長所に気づき、自分に自信が持てるようになり、ニーズを満たすために主体的に取り組めるようになることを目指します。「エンパワメント」の理念においては、支援者は利用者と同じ立場に立つパートナーになります。

Ⅰ-3　共生社会に生きる私たち

　1948（昭和23）年、国連第3回総会（パリ）において、「すべての人民とすべての国とが達成すべき共通の基準」として、「世界人権宣言」が採択されました。世界人権宣言は、基本的人権尊重の原則を定めたものであり、それ自体が法的拘束力を持つものではありませんが、初めて人権の保障を国際的にうたった画期的なものです。その中の条文には、「人間は誰もがみな自由に安心して生きる権利を持っている」ことが記されています。

日本において、障害者の基本的人権尊重について示されている法律の中には、第1節で述べた「障害者基本法」があります。この法律の第1条は次のように書かれています。

障害者基本法　（目的）の抜粋

　第1条　目的

　全ての国民が、障害の有無にかかわらず、等しく基本的人権を享有するかけがえのない個人として尊重されるものであるとの理念に則り、全ての国民が、障害の有無によって分け隔てられることなく、相互に人格と個性を尊重し合いながら共生する社会を実現するため、（中略）　障害者の自立及び社会参加の支援等のための施策を総合的かつ計画的に推進することを目的とする。

　障害者基本法の目的にあるとおり、障害の有無によって分け隔てられることなく、誰もが皆、お互いに配慮しながら身近な地域で暮らしていける共生社会の実現のために何ができるのかを考えていくことが大切です。

〈ワンポイント知識　「障害」と「障がい」について〉

　「しょうがい」を表記するとき、皆さんはどの漢字を使いますか。近年「障害」の「害」という文字がマイナスイメージを想起させるため、「障がい」と表記してはどうか、といった意見が出てきています。このような意見を踏まえて、国も検討、審議を行いましたが結論は出ず、今後も検討を続けるということになっています。国が定めている法律では「障害」表記が用いられ、本テキストでも「障害」表記を用いていますが、どちらか一方の表記が正しいということではありません。

2 障害特性（身体、知的、精神、発達、難病等）に応じた生活上の障害や心理・行動の特徴などの基本的な知識

障害者の生活を支援するためには、それぞれの障害について知ることが大切です。障害像やその特性について基本的知識を学びましょう。

2－1　身体障害の障害像と基本的な知識

身体障害とは、先天的あるいは後天的な理由で身体機能の一部に障害を生じている状態、あるいはそのような障害自体のことをいいます。生まれた時から障害を持っている場合（先天性）と、何らかの事情で障害を負った場合（中途障害）があります。ここではいくつかの障害の中の原因となる疾患や事故について説明します。

（1）白内障

白内障は、見ているもののピント合わせをする役目を持つ「水晶体」という部分が少しずつ白く濁ってくる病気です。白内障の多くは加齢によるものであり、高齢者の目の病気では決して珍しくはありません。物がぼやけたりかすんだり重なって見える、光をまぶしく感じるといった症状が現れます。

図表1－1　白内障によるものの見え方の変化（出典：公益財団法人長寿科学振興財団　健康長寿ネット「白内障の症状」（https://www.tyojyu.or.jp/net/byouki/hakunaishou/shoujou.html）より）

（2）緑内障

　緑内障は視神経に異常が起こります。日本での失明原因第1位の病気で患者数も多く、40歳以上では20人に1人の割合で患者がいるという報告もあります（日本緑内障学会緑内障疫学調査）。視野の一部が見えなくなる視野欠損の症状が現れますが、「見る」という行為は両眼で行っているため片方の眼に異常があることに気がつきにくく、異常の発見が遅れることがあり、注意が必要です。

図表1−2　緑内障による視野障害の進行イメージ（出典：公益財団法人長寿科学振興財団　健康長寿ネット「緑内障」（https://www.tyojyu.or.jp/net/byouki/ryokunaishou/about.html）より）

（3）難聴

　ほとんど聞こえない状態を「聾(ろう)」といい、少し聞こえる状態を難聴といいます。難聴は、小さな音が聞き取りにくくなる「伝音性難聴」と、音がゆがんで聞こえたり一定の音域が聞き取りにくくなる「感音性難聴」の2種類に分けられます。加齢とともに耳が聞こえにくくなる「老人性難聴」は、感音性難聴にあたるといわれており、一般的に高い音から聞こえにくくなります。

（4）脳卒中（脳血管疾患）

　脳卒中とは、脳の血管に病変が生じる病気の総称です。代表的な病名として「脳出血」、「脳梗塞」、「くも膜下出血」があげられます。また、事故による外傷などが原因となる場合もあります。

　脳、脊髄、筋肉などの障害によって、運動機能や知覚機能が低下したり失われたりする状態を麻痺といいます。大脳の右半球に病気が生じれば左半身麻痺、左半球であれば右半身麻痺が生じます。からだの半身に麻痺が生じることを「片麻痺」といい、麻痺側を「患側」、麻痺のない側を「健側」といいます。患側には、自分の意思で自由に動かすことができない、

感覚が鈍くなるといった症状が現れます。

　この他、脳の損傷部位によって、作業ミスが増えたり、気が散って落ち着かなくなる、あるいはぼんやりして反応が鈍くなるといった「注意障害」や、新しいことが記憶できない、過去のことが思い出せないといった「記憶障害」、自分の左側から声をかけられても気がつかない「左半側空間無視」や、自分で計画を立てて物事を実行することができない「遂行機能障害」という症状などが出る場合があります。また、言葉の意味や使い方は理解しているが発声が難しくなる「構音障害」や、相手の言葉を理解できない、伝えたい言葉が出てこない「失語症」が症状として現れる人もいます。これらの障害は総称して「高次脳機能障害」と呼ばれています。

（5）脊髄損傷

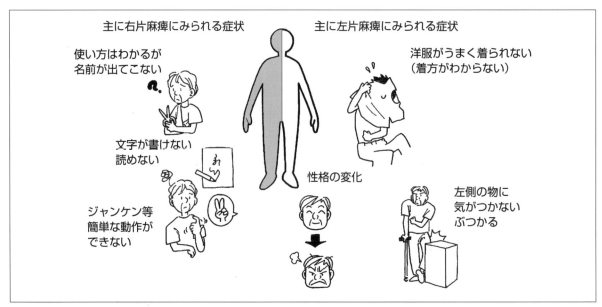

図表1－3　片麻痺にみられる高次脳機能障害の症状
（出典：公益財団法人介護労働安定センター　介護職員初任者研修テキスト）

　「脊髄損傷」とは、脳とつながる背中の中の神経（脊髄）が損傷を受けた病気の総称です。その原因には、交通事故や転落事故などの外傷と、腫瘍などの疾患によるものがあります。

　脊髄が損傷すると、運動障害や感覚障害、排尿障害、排便障害、自律神経障害などが起こります。損傷部位が高いほど症状は重くなります。例えば背中や腰の脊髄損傷では、両足が動かなくなる対麻痺の症状が現れます。また、脊髄の一番高いところにある首を損傷すると手足が動かなくなる四肢麻痺になり、多くの介助を必要とします。

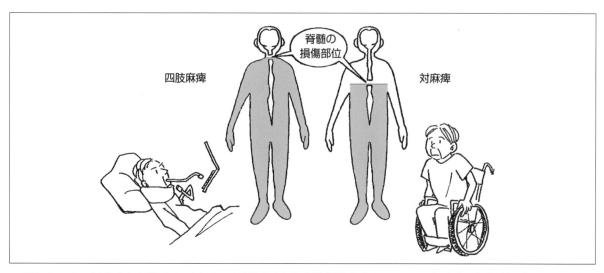

図表1-4　対麻痺と四肢麻痺（出典：公益財団法人介護労働安定センター　介護職員初任者研修テキスト）

（6）関節リウマチ

「関節リウマチ」は免疫の異常が原因で関節の腫れや痛みが起こる病気です。

最初は手指や手首、肘、膝などの関節が動かしにくく感じる程度ですが、進行すると激しい痛みを伴い関節が変形します。

（7）脳性麻痺

「脳性麻痺」は、妊娠中から生後4週までの間に生じた脳への損傷によって引き起こされる運動機能の障害を指します。脳への損傷の主な原因には、感染、低酸素、核黄疸などがあげられます。

脳性麻痺は、損傷部位に応じて、けい直型、アテトーゼ型、失調型、混合型などに分類され、各々症状が異なります。

障害像（型）	概　　要
けい直型	筋緊張の異常により身体を自由に動かすことができません。例えば、両足の筋緊張が高く、足がつっぱって交叉してしまう「はさみ足」などの症状がみられます。
アテトーゼ型	自分の意志とは関係ない運動（不随意運動）が生じます。例えば、会話中であっても、それとは関係なく首や腕が動いたりする症状がみられます。
失調型	運動に際しての身体各部の協調的な働きが低下します。例えば、歩行時に体幹が動揺してフラフラした不安定な歩き方になるなどの症状がみられます。
混合型	けい直型、アテトーゼ型、失調型が混合している場合を混合型といいます。

図表1-5　脳性マヒの障害像（型）（出典：公益財団法人介護労働安定センター　介護職員初任者研修テキスト）

（8）慢性呼吸不全（呼吸器機能障害）

　なんらかの病気により呼吸機能が低下した状態を呼吸不全といい、呼吸不全が1か月以上続いている状態が慢性呼吸不全です。主な症状は「息苦しさ」で、少し動いただけで息切れがします。また、咳や痰がつらい症状として出てくる場合もあります。

　原因となる主な病気には、慢性閉塞性肺疾患や肺炎、肺がんなどがあり、呼吸機能が低下し血液中の酸素が不足している人が、自宅など病院以外の場所で酸素を吸入する治療「在宅酸素療法（HOT）」があります。家族と一緒に暮らしながら療養したい、外出したりリハビリに励みたいという人にとって、この治療法は大きな味方となっています。

2－2　知的障害の障害像と基本的な知識

　知的障害について日本の法律には明確な定義はありませんが、厚生労働省は「知的障害とは、知的機能の障害が発達期（おおむね18歳まで）にあらわれ、日常生活に支障が生じているため、何らかの特別の援助を必要とする状態にあるもの」と示して調査を行っています。

　知的障害の原因はさまざまですが、例えば染色体異常、周産期（生まれる前後のこと）の異常、乳幼児期の感染症などによる脳損傷も原因になることがあります。

　知的障害は重症度により軽度、中等度、重度、最重度に分類されます。重い運動障害（肢体不自由）を伴った重度知的障害を「重症心身障害」と表記することもあります。

2－3　精神障害の障害像と基本的な知識

　精神障害とは、何らかの脳の変化や障害のために、さまざまな精神症状、身体症状、行動の変化がみられる状態です。自身で症状の変化に気がつかない場合、周囲が気づきにくい場合もあります。また、障害に対する正しい理解がなされないために誤解や偏見、差別の対象となりやすく、社会参加が妨げられがちです。精神障害の代表的なものをいくつかあげます。

（1）統合失調症

　15歳から25歳前後の青年期に発症することが多いとされ、発症の原因はよくわかっていません。幻覚や妄想のほか、さまざまな生活のしづらさが症状として現れます。幻覚や妄想などの「陽性症状」、意欲や体力の低下などの「陰性症状」がみられます。この他、考え

をまとめることが難しくなる、相手の考えを汲み取ることができず脈絡のないことを言ったり考えたりするようになるといった症状が出てきたりします。

（2）気分障害

気分の波が主な症状として現れます。うつ状態が続く場合はうつ病と呼び、うつ状態と躁状態を繰り返す場合は双極性障害（躁うつ病）といいます。

うつ状態では気持ちが強く落ち込み、何事にもやる気が出ない、疲れやすい、考えが働かない、自分が価値のない人間のように思える、死ぬことばかり考えてしまい実行に移そうとするなどの症状が出ます。

躁状態では気持ちが過剰に高揚し、普段ならあり得ないような浪費をしたり、ほとんど眠らずに働き続けたりする一方で、ちょっとした事にも敏感に反応し、他人に対して怒りっぽくなったり、自分は何でもできると思い込んで人の話を聞かなくなったりします。

（3）依存症

ある行為を繰り返さないと満足できない状態となり、自らの力では止めることができなくなった結果、心身に障害が生じたり家庭生活や社会生活に悪影響が及ぶ状態です。アルコール依存症、薬物依存症、ギャンブル依存症等があります。

２－４　発達障害の障害像と基本的な知識

発達障害は、発達障害者支援法において、「自閉症、アスペルガー症候群その他の広汎性発達障害、学習障害、注意欠陥多動性障害、その他これに類する脳機能障害であってその症状が通常低年齢において発現するもの」（発達障害者支援法における定義　第二条より）と定義されています。

発達障害は複数の障害が重なって現れることもあり、また年齢や環境において出てくる症状が異なる場合もあり、診断名が変わる場合もあります。なお、障害者基本法や障害者総合支援法において、発達障害は精神障害に含まれることが定められています。

2-5　難病の障害像と基本的な知識

　世の中には、発症の原因がわからず、治療方法が確立されておらず、誰もがかかるというような一般的な病気ではなく、慢性の経緯をたどるために長期の療養が必要な病気がたくさんあります。そのような病気を「難病」と呼んでいます。

　難病のうち、特に国が「指定難病」とした疾患は2022（令和4）年7月現在338あり、医療費の助成対象となっています。認定患者数の多い指定難病、見聞することの多い指定難病としては、潰瘍性大腸炎、パーキンソン病、筋萎縮性側索硬化症（ALS）などがあげられます。

　難病により出てくる症状はさまざまです。外見だけでは難病であるということがわからなかったり、ストレスで症状が悪化する場合もあり、また継続して通院治療が必要な場合も多くあるため、それらに対して周囲の理解や配慮が必要です。

　難病の利用者に対して支援サービスを行う場合は、医療職との連携が非常に重要となります。

2-6　廃用症候群（生活不活発病）についての理解
（第2巻 生活支援技術　参照）

　病気や怪我などにより安静が続き、体を動かす時間や強さが減ると、筋肉が萎縮し臓器の機能が低下して、心身にさまざまな不都合が起こります。このような状態を「廃用症候群」といい、「生活不活発病」とも呼んでいます。

　絶対安静で筋肉の伸び縮みが行われないと、1週間で10～15%の筋力が低下するといわれています。病気になると安静にすることが自然な行動ですが、これが長く続くと廃用症候群となることを憶えておきましょう。手術や怪我のあと、比較的早い時期から機能訓練(リハビリ)を行うのも、安静にしているために体の機能が衰えるのを防ぐことが理由の1つでもあるのです。

　特に高齢者の場合、廃用症候群を起こしやすく、いったん起こってしまうと、廃用症候群の症状が原因となってさらに体を動かすことが難しくなり、廃用症候群を悪化させるという悪循環に陥りやすいといわれています。

　廃用症候群の予防としては、一時的な機能訓練等も効果的ですが、何よりも日常生活の中

で自分でできることを行うことが効果的です。介護についても、できない部分について過度な介護を提供するのではなく、本人が自分でできるようになるための支援を行うことが大切です。

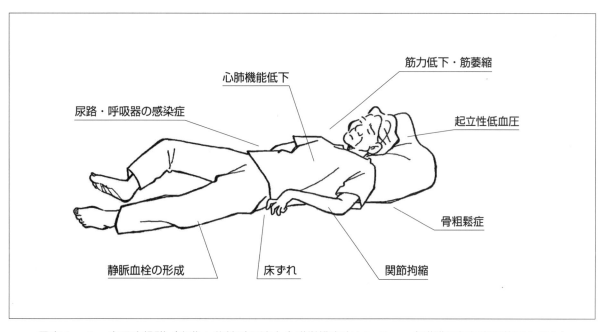

図表6-1　廃用症候群（出典：公益財団法人介護労働安定センター　介護職員初任者研修テキスト）

3 障害児者及びその家族に対する支援や関わり方

障害の受容のプロセスを理解したうえで、障害児者、その家族への支援のポイントをおさえましょう。

3－1 障害の受容のプロセス

18歳未満である障害児や障害者、その家族が「障害がある」ことを受け入れ、主体的に生きていこうという気持ちになることを「障害を受容する」といいます。

障害を受容するまでには、いくつかの過程があるといわれています（図表1－1）。

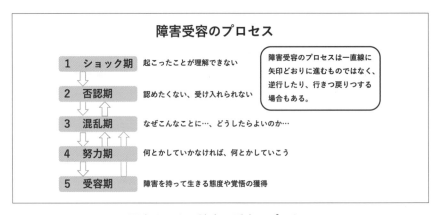

図表1－1　障害の受容のプロセス

1. ショック期：自分や家族の身の回りで起きていること（障害に対して）を理解できない状態。

2. 否認期：自分や家族の障害から目を背け、それを認めない状態。

3. 混乱期：自分や家族の障害やその状況に対してやり場のない「怒り」や「混乱」などが現れる時期。

4. 努力期：何かをきっかけに少しずつ努力しようと障害に向かい合う時期。

5. 受容期：障害を前向きに捉え受け入れる時期。

もちろんすべての人がこのような過程をたどるわけではなく、数十年経っても障害を受容できない人もいます。受容の過程も1から5まで順番どおりに進むとは限らず、行ったり来たりを繰り返す人もいますが、多くの人にこのような心境の変化が現れると考えられています。大切なことは、障害児者やその家族は今どのような気持ちでどのような感情を体験しているのかを理解しようとする姿勢です。心の変化を理解し関わることが、その人の支えとなることにもつながります。

3-2　障害児者への支援や関わり方のポイント

　前章では、さまざまな障害の障害像について説明してきました。障害の原因となる病気や症状、日常生活において困っている部分は人それぞれであることが理解できたと思います。

　障害児者への支援や関わり方のポイントは、一人でできること、一人では難しいが誰かの支援があればできること、一人では難しいが福祉用具等を使用することでできること、といったように、支援の必要な部分を明確にし、相手の望むような方法やタイミングで支援することです。

　横断歩道を渡るタイミングがわからずおろおろしている白杖を持っている人に対して、「困っているから力になろう」という気持ちからいきなり手を握ってしまうと、見知らぬ人から突然手を握られた人は戸惑います。「何かお手伝いできることはありますか」とまず声をかけて、相手に配慮して必要な支援を行うことを意識しましょう。

　福祉用具などによる支援も有効です。最近では音声認識アプリなどが開発され、こちら側

図表2-1　荒川区コミュニケーション支援ボード（一部抜粋）

の発した言葉がすぐにスマートフォンの画面に認識され文字化されることで、コミュニケーションのサポートをしてくれるものが普及しています。聴覚障害の人にとっては便利なものといえるでしょう。また、災害時に聴覚障害の人の意思確認などをとるために、コミュニケーションボードを作成し、配布する取り組みを行っている自治体などもあります。

　遂行機能障害の症状がみられる人には、1日のスケジュールを決めて、一つ一つの課題をこなしていく方法で、規則正しい生活リズムを作るようにするといった支援を行います。例えば右の図のようなカードを作成し、本人の目につきやすい場所に貼り付けて、やることに意識を向けられるような環境を作ります。

　知的障害の人に対しては、利用者が理解できるような支援や関わり方をすることを心がけましょう。言葉だけではなくジェスチャーや絵カードなど、利用者が理解できる範囲の視覚的な情報を同時に提示することも有効です。

> 火　水　金
> デイサービス利用日
> ９：００
> に出発すること!!

　いずれにせよ、それぞれの障害からくる「難しい部分」は定型的であるとはいえないため、「その人が必要な支援や関わり方は何か」を紐解くことが大切です。

3-3　家族への支援や関わり方のポイント

　障害を持つ家族の現状を受け入れ、障害と折り合いをつけて生活していくことは、障害児者だけでなく、その家族にとっても大切なことです。しかし、実際に家族の障害を受容することは、本人が自身の障害を受容することと同様、簡単ではありません。

　中途障害を負った人に対して、その家族が「なぜこんなことに」「普通ではなくなってしまった」「不憫だ」といった気持ちになるのは珍しいことではありません。また、障害児の親は、障害が先天的であれ後天的であれ、その原因が自分にあると自身を責めたり、ありのままの我が子を受け入れるまでに長い時間がかかったりします。障害者自身が障害を受容できていても、家族が受容できていない場合もあるのです。私たちは、そのような気持ちの家族と関わりを持つ、ということを理解する必要があります。

　障害児者の家族への支援や関わり方として、まずは家族との信頼関係を築くことを意識し

ましょう。家族が感じている不安を理解する姿勢を示すことで、その不安や訴えを聴く機会を得て、その上で、家族が活用できる制度やサービスがあることを情報提供していきます。家族の介護負担を軽減するための相談窓口や介護サービスは、公的なものから民間のものまでさまざまあります。それらを家族の状況に合わせて適切に活用できるような道筋を作ることができれば、障害児者の家族も、障害を持った家族のために自分らしい生き方をあきらめることなく、家族の障害を受容し、主体的に暮らしていけるようになるでしょう。

3-4 相談できる窓口 ※2023（令和5）年12月の情報です

　障害福祉に関する相談窓口について、具体的にどのような場所があるのかをみてみましょう。

指定特定相談支援事業者（相談支援センター）	市区町村が指定している相談窓口です。障害のある人や家族が障害福祉サービスを利用するにあたって、利用者の希望等を受け止めて支援計画をたて、サービス等利用計画を作成します。計画の見直し等も行います。
基幹相談支援センター	地域の相談支援の中核的な役割を担う機関として設置されています。障害者の生活全般における相談支援の実施や、支援体制の強化などが主な業務です。また、権利擁護や虐待に関する窓口、さらに、地域の相談支援事業所や地域包括支援センター、医療機関、教育機関等との連携を取りながら、地域で暮らす障害者のサポートを行っています。
精神保健福祉センター	精神保健福祉法第6条に規定された都道府県（指定都市）の精神保健福祉に関する技術的中核機関です。地域住民の精神的健康の保持増進、精神障害の予防、適切な精神医療の推進から、社会復帰の促進、自立と社会経済活動への参加の促進のための援助に至るまで、その業務内容は広範囲にわたっています。
発達障害者支援センター	自閉症などの発達障害のある人とその家族が安心した暮らしを営むことができるよう、総合的支援を行う地域の拠点として、平成14年度より国の施策として発足した専門機関です。
難病相談支援センター	難病の患者やその家族、関係者からの療養生活に関する相談に応じ、必要な情報の提供及び助言等を行い、難病の患者の療養生活の質の維持向上を支援することを目的とする施設で、都道府県及び指定都市に設置されています。

家族会	障害児者の家族同士が同じ悩みを語り合うことで、わかち合い、共有し、お互いに支え合う会です。各自治体やNPO法人などが主体となって実施しています。
各市区町村の障害者福祉担当課	各市区町村内の相談できる窓口や障害に応じた手帳の交付、利用サービスの情報提供などを行います。

このほか、地域ごとにさまざまな取り組みが実施されています。

第3巻のまとめ

①　認知症それ自体は病気ではなく、状態です。(p.3)

②　認知症の症状は、脳が何らかの原因で障害されることによって起こる「中核症状」と、人との関わりによって起こる「行動・心理症状(BPSD)」の2種類に分けられます。(p.12)

③　認知症の人への支援では、認知症の人が見て聞いて感じている世界を知ろうとすることが大切です。(p.21)

④　介護する家族が抱える身体的・精神的負担を軽減するために、息抜きができるように支援していくことをレスパイトケアといいます。(p.26)

⑤　障害者基本法によると、障害者とは、「身体障害、知的障害、精神障害(発達障害を含む)その他の心身の機能の障害がある者であって、障害及び社会的障壁により継続的に日常生活または社会生活に相当な制限を受ける状態にある者をいいます。」となっている。(p.30)

⑥　ノーマライゼーションとは、障害者を障害者でない人にすることを目的としているのではなく、「障害のない人の生活条件(ノーマル)に可能な限り近づける」ことを目的とするという考え方から始まり、今日の社会福祉のあらゆる分野における理念の土台となっています。(p.33)

⑦　障害を受容するまでには、いくつかの過程があるといわれています。大切なことは、障害児者やその家族は今どのような気持ちでどのような感情を体験しているのかを理解しようとする姿勢です。(p.44-45)

⑧　それぞれの障害からくる「難しい部分」は定型的であるとはいえないため、「その人が必要な支援や関わり方は何か」を紐解くことが大切です。(p.46)

索引ワード　第3巻

【参考文献　第 3 巻】

① 「介護職員初任者研修テキスト　第 3 分冊　老化・認知症・障害の理解」
公益財団法人介護労働安定センター

② 「介護に関する入門的研修テキスト　わたしたちの介護」　監修　黒澤貞夫
日本医療企画

③ 「最新　介護福祉士養成講座 14　障害の理解　第 2 版」　介護福祉士養成講座編集委員
会編
中央法規出版株式会社

④ 「最新　介護福祉士養成講座 14　認知症の理解　第 2 版」　介護福祉士養成講座編集委
員会編
中央法規出版株式会社

⑤ 「ユマニチュード入門」　本田 美和子 / イヴ・ジネスト / ロゼット・マレスコッティ
医学書院

⑥ 「ボクはやっと認知症のことがわかった 自らも認知症になった専門医が、日本人に伝え
たい遺言」
長谷川　和夫 / 猪熊　律子
KADOKAWA

〈執筆者〉

久保　吉丸　東京未来大学福祉保育専門学校　介護福祉科　教員
　　　　　　介護福祉士・社会福祉士

〈監修者〉

浦尾　和江　田園調布学園大学　人間福祉学部　教授
　　　　　　介護福祉士・社会福祉士・精神保健福祉士・介護支援専門員・認知症ケア専門士

〈一部イラスト〉

大橋　晃一郎

入門的研修テキスト　第3巻
認知症の理解
障害の理解

発行日　令和6年3月　初版発行
定　価　1,100円（本体価格1,000円＋税）

発　行　公益財団法人　介護労働安定センター
　　　　〒116-0002　東京都荒川区荒川7-50-9　センターまちや5階
　　　　TEL　03-5901-3090　　FAX　03-5901-3042
　　　　https://www.kaigo-center.or.jp/

ISBN978-4-907035-62-4　C3036　￥1000E

42403